Made in the USA
Las Vegas, NV
16 September 2021

30384402R00056